趙之謙篆書鐃歌 三略

中國碑帖名品 二編 〔三十九〕

上海書畫出版社

前言

中華文明綿延五千餘年，文字實具第一功。從倉頡造字而雨粟鬼泣的傳説起，歷經華夏子民智慧聚集、薪火相傳，終使漢字生生不息、蔚爲壯觀。伴隨着漢字發展而成長的中國書法，基於漢字象形表意的特性，在一代又一代書寫者的努力之下，最終超越其實用意義，成爲一門世界上其他民族文字無法企及的純藝術，并成爲漢文化的重要元素之一。在中國知識階層看來，書法是中國人『澄懷味象』、寓哲理於詩性的藝術最高表現方式，她净化、提升了人的精神品格，歷來被視爲『道』『器』合一。而事實上，中國書法確實包羅萬象，從孔孟釋道到各家學説，從宇宙自然到社會生活，中華文化的精粹，在其間都得到了種種反映，書法無愧爲中華文化的載體。書法又推動了漢字的發展，篆、隸、草、行、真五體的嬗變和成熟，源於無數書家承前啓後、對漢字美的不懈追求，多樣的書家風格，則愈加顯示出漢字的無窮活力。那些最優秀的『知行合一』的書法家們是中華智慧的實踐者，他們匯成的這條書法之河印證了中華文化的發展。

因此，學習和探求書法藝術，實際上是瞭解中華文化最有效的一個途徑。歷史證明，漢字及其書法衝破了民族文化的隔閡和時空的限制，在世界文明的進程中發生了重要作用。我們堅信，在今後的文明進程中，這一獨特的藝術形式，仍將發揮出巨大的力量。然而，在當代這個社會經濟高速發展、不同文化劇烈碰撞的時期，書法也遭遇前所未有的挑戰，這其間自有種種因素，而漢字書寫的退化，或許是書法之道出現踟躕不前窘狀的重要原因。因此，有識之士深感傳統文化有『迷失』和『式微』之虞。書法藝術的健康發展，有賴於對中國文化、藝術真諦更深刻的體認，匯聚更多的力量做更多務實的工作，這是當今從事書法工作的專業人士責無旁貸的重任。

有鑒於此，上海書畫出版社以保存、還原最優秀的書法藝術作品爲目的，從系統觀照整個書法史藝術進程的視綫出發，於二〇一一年至二〇一五年间出版《中國碑帖名品》叢帖一百種，受到了廣大書法讀者的歡迎，成爲當代書法出版物的重要代表。爲了能够更好地呈現中國書法的魅力，滿足讀者日益增長的需求，我們决定推出叢帖二編。二編將承續前編的編輯初衷，擴大名作的匯集數量，進一步提升品質，以利讀者品鑒到更多樣的歷代書法經典，獲得對中國書法史更爲豐富的認識，促進對這份寶貴遺産更深入的開掘和研究。

上海書畫出版社

簡介

趙之謙（一八二九—一八八四），字益甫，又字撝叔，號悲庵、無悶，別署二金蝶堂，會稽（今浙江省紹興市）人。清道光九年生於没落商賈之家，幼聰慧，喜經史，好金石。十九歲開館授徒，二十二歲擔任杭州知府繆承梓幕僚。其後歷三次鄉試纔中舉人，又因太平天國之變，逃離杭州，輾轉流離多地，再難登科。同治六年（一八六七）赴京師科考落榜後，被選爲國史館謄録，五年後至江西任職，此後一直投身於江西巡撫劉坤一組織編修的《江西通志》。光緒四年（一八七八），趙之謙借錢謀得鄱陽知縣一職，却因水災潰堤被免，衹得回鄉代人作文、鬻書賣畫，補貼家用。光緒八年（一八八二）舉任江西奉新知縣，并轉任南城知縣。其爲官耿介，嫉惡如仇，心懷百姓，積勞成疾，於光緒十年十月卒於官舍，終年五十六歲。其身後清貧，以致在親友資助下，棺柩纔得以回鄉安葬。趙之謙承清代文字訓詁與金石考據之學，於書法、繪畫、篆刻、金石、鑒藏等皆有造詣。其畫以金石趣味著稱，多以花卉樹竹爲題材，别開面目。其書法承乾嘉之風，自言『於書法，不從書入』，集篆隸大成，特意於北朝書風，爲清代書壇碑學代表人物。其篆刻不故作修飾，『不在斑駁，而在渾厚』，提倡『印外求印』，自出新意，開三百年篆刻新面。

《鐃歌》，篆書，紙本，計十二開，七十四行，每行三字，每開縱三十二點五厘米，横三十六點八厘米。書於清同治三年（一八六四），趙之謙時年三十五歲。內容爲抄録漢代鼓吹樂《上之回》《上陵》《遠如期》三曲。是書篆法樸拙渾茂，氣韻古質，不務修飾，兼陶古今。用筆堅實，氣機流宕，起筆處多方雋，以筆摹刀，有萬毫齊力之勢，乃趙氏早年篆書精品。鈐印『之謙印信』。今藏故宫博物院。

《三略》，篆書，紙本，共八屏，每屏縱一百七十四點四厘米，横四十三厘米。書於光緒四年（一八七八），趙之謙時年五十歲，乃爲江西巡撫李文敏所作。內容爲節録唐代《群書治要》中《三略治要》諸節。《三略》相傳爲漢初黄石老人傳授給張良的政略兵謀之書。作用筆婉轉流暢，氣脉貫通，自然生動，字勢特立獨出，姿態萬千。

铙歌

鐃歌：軍樂，又作『鐃吹』，即漢鼓吹鐃歌十八曲，分别爲《朱鷺曲》《艾如張曲》《上之回曲》《翁離曲》《戰城南曲》《巫山高曲》《上陵曲》《將進酒曲》《君馬黄歌》《芳樹曲》《有所思曲》《雉子曲》《聖人出曲》《上邪曲》《臨高臺曲》《遠如期曲》《石留曲》。其内容龐雜，又是歷代循聲相傳，故難以釋讀，題材涉及戰陣、祥瑞、武功，也有男女感情等。最早見録於《宋書·樂志四》：『漢鼓吹鐃歌十八曲，皆聲、辭、豔、相雜，不可復分。《續文獻通考》：『沈約曰：「樂人以聲音相傳，訓詁不復可解。凡古樂録，皆大字是辭，細字是聲，聲辭合寫，故致然耳。」』

上之回：皇帝前往回中山回中宫。上，歷來説法不一，一般認爲是指漢武帝，見《漢書·武帝紀》：『（元封）四年冬十月，行幸雍，祠五時。通回中道，遂北出蕭關。』之，往。回，回中。朱乾《樂府正義》：『應劭曰：回中，地在安定，平高有險阻。《雲陽記》云：寒門也。』

所中溢：皇帝避暑於回中宫。《宋書·樂志四》作『所中益』。陳本禮《漢詩統箋》：『所，天子行在所。益，謂有益於人也。』另，陳沆《詩比興箋》：『舊或以「上之回」三字爲句，大誤（陳點讀爲「上之回所中，益夏將至」），「益夏」者，謂天益就暑，以時將届夏至故也。』

【鐃歌】《上之回曲》，/所中溢。/夏將至，/

夏將至，行將北：夏日將至，順時適宜，皇帝欲北行避暑。

以承甘泉宮：大意指皇帝前往回中宮途中，因夏日將至，先避暑於甘泉宮。承，迎繼。甘泉宮，秦時建，漢武帝建元年中增擴以避暑。陳本禮注：『甘泉宮去長安三百里，尤不及回中又在其北，行幸甘泉，本以避暑，回中地益高寒，侍從之臣既承甘泉之德，而又往回中，更承其益也。』

行將北，/以承甘/泉宮。寒/

寒暑德：寒來暑往，四時調和。

游石關：有兩解。陳本禮注：『石門關在固原州須彌山上，有古寺，松陰鬱然，即關門舊址。言此行非第游觀避暑，蓋欲宣威外域，臣月支而服匈奴，奠安中國，爲千秋萬歲計也。』王先謙《漢鐃歌釋文箋證》：『回即在汧，關亦在隴，考隴州西八十里有石嘴關……蓋即此石關矣。』

諸國：塞外諸國。

暑德。游／石關，望／諸國。月／

月支、匈奴：皆漢時西北方游牧民族。月支，即大月氏，莊述祖《漢鐃歌句解》：『《史記·大宛列傳》云：大月氏在大宛西，可二三千里，居嬀水北，張騫以郎應募使月氏……於是西北諸國始通於漢也。月氏之臣，當在此時，蓋元封中事也。』

支臣，匈／奴服。令／從百官／

疾驅馳，千秋萬歲樂無

疾驅馳，／千秋萬／歲樂無／

上陵、下津：宮中苑囿名。陳本禮注：『《三輔黄圖》曰：甘泉宮南有昆明池，池中有靈波殿，皆以桂爲殿柱，風來自香。池中有龍首船，武帝常令宮女泛舟池中，張鳳蓋，建華旗，作棹歌，雜以鼓吹，帝御豫章觀臨觀焉。宣帝好詩祥瑞，與孝武同，故此詩言陵津之美，應有仙人來游，以諛宣帝也。』

美美：《周禮注》：『美，福慶也。美美，言福慶之衆至也。』

極。（《上陵曲》）上／陵何美美，／下津風／

客：此指神仙。

以寒。問／客何從／來，言從／

言從水中央：謂從海中來。陳本禮注：『下言滄海雀，則從海上來也。』言，句首發語詞。

桂樹爲君船：謂舟楫華美。《楚辭》：『沛吾乘兮桂舟。』

水中央
桂樹爲
君船青

水中央。／桂樹爲／君船，青／

笮：船上的篷蓋。

櫂：同『棹』，形似船槳，用以划水行船。

絲爲君／笮，木蘭／爲君櫂，／

黃金錯其閒滄海之雀

黃金錯／其閒。滄／海之雀／

滄海之雀赤翅鴻，白雁隨：謂仙人自海中來，雀、鴻、雁等皆相伴群至。

赤翅鴻，／白雁隨。／山林乍／

開乍合，／曾不知／日月明。／

山林乍開乍合，曾不知日月明：比喻鳥獸衆多，其聚散之勢使山林看起來開合不定，其衆多之貌使日月爲其遮蔽不明。陳沆《詩比興箋》：『謂嘉祥之氣，鬱鬱葱葱。《甘泉賦》所謂「帥爾陰閉，霅然陽開」也。宣帝頗好神仙，故詩末及之。』

醴泉：泉水甜似酒。陳本禮曰：『見仙靈示異，禎祥畢現，故泉皆變而成醴也。』蔚蔚，繁盛貌。

醴泉之╱水，光澤╱何蔚蔚。芝╱

芝爲車，龍爲馬：謂神仙以靈芝作車，以飛龍爲坐騎。

爲車，龍／爲馬，覽／遨游，四／

海外。甘／露初二／年，芝生／

甘露初二年，芝生銅池中：甘露，漢宣帝年號。事見《漢書·宣帝紀》：『神爵元年（前六十一）詔曰：「嘉穀玄稷降於郡國，神爵仍集，金芝九莖產於函德殿銅池中。」』『甘露二年（前五十二）詔曰：乃者鳳凰、甘露降集京師，黃龍登興，醴泉旁流，枯槁榮茂，神光并見，咸受禎祥。』陳本禮注：『恐人言不信，故又引初、二年事以實之，正以見其言之不虛也。』

銅池中
僊人下
來飲延

銅池中，/僊人下/來飲，延/

遠如期：指匈奴單于如期而至。據《漢書·宣帝紀》載，甘露二年冬十二月，呼韓邪單于款五原塞，願奉國珍，約期於第二年朝漢。甘露三年正月，匈奴呼韓邪單于稽侯犬冊果如期而至。陳沆注：『如、而通，而，猶女（汝）也。遠女期、益女壽者，頌禱之詞。』

壽千萬╱歲。（《遠如期曲》）遠╱如期，益╱

處天左側：王先謙注：『天者，匈奴尊稱漢帝之詞。《漢書·匈奴傳》：聖德廣被，天覆匈奴。《班超傳》皆言「依漢」與「依天」等。左側，近也。』

如壽。處／天左側，／大樂，萬／

萬與天無極：《宋書·樂志四》：『萬歲與天無極。』

與天無

極

雅樂

陳

佳哉

與天無／極。雅樂／陳，佳哉／

樂陳，佳哉紛：謂宮廷中備設盛大宴飲舞蹈之事，以慶祝單于來朝。紛，盛多貌。

自歸：自願來歸。

動如驚心：指單于來朝，覲大漢威儀而頗受震驚。朱乾《樂府正義》：『動如驚心，言褶服威靈也。』

紛。單于／自歸，動／如驚心。／

虞心：心情喜悦歡樂。虞，同『娱』。陳本禮注：『寫初來朝景象如繪，從來未識大漢威儀，故驚；主臣皆受榮寵，故又喜也。』

萬人還來：指《漢書·宣帝紀》所載，黄龍元年（前四十九）春正月，宣帝幸甘泉宫，匈奴呼韓邪單于再度來朝，此爲短短幾年間第三次單于來漢，故下文稱『累世未嘗聞之』。

虞心大／佳，萬人／還來，謁／

謁者：宮中司掌引見、傳達等事。《漢書·百官公卿表》：『謁者，掌賓贊受事。』

鄉殿陳：在甘泉宮殿前向漢宣帝贊謁稱臣。鄉，同『向』。陳，陳布朝賀之語。

者引，鄉／殿陳，累／世未嘗／

曾：同『增』。萬歲：《宋書·樂志四》原作『萬年』。曾壽萬歲亦誠哉：王先謙注：『祝帝之辭也。「誠」字總結上文。先恭曰：此篇全述單于歸化之語，以「誠」字咏嘆作結。自「遠如」至「還來」是對漢臣語，「謁者」至「萬年」是對帝語，分兩段讀。』

聞之。曾／壽萬歲／亦誠哉！／

漢鐃歌

三章

同治甲子六月為

遂生書篆法非以此為正宗惟此種可

悟四體書合處宜默然會之 无悶

漢鐃歌／三章。／同治甲子六月爲／遂生書。篆法非以此爲正宗，惟此種可／悟四體書合處，宜默然會之。无悶。／

遂生：朱志復，字遂生，江蘇無錫人。趙之謙高弟，工刻印，趙嘗以『蟲如車輪技乃工，但期弟子有逢蒙』之句勖之。又贈魏稼孫詩云：『送君惟有説吾徒，行路難忘錢及朱。』錢謂錢式，朱謂遂生。見《廣印人傳》。

三略

夫能扶天下之危者則據
天下之安能除天下之憂
者則享天下之樂能救天
下之禍者則獲天下之福
故澤及於民則賢歸之澤
及昆蟲則聖歸之賢人所
歸則其國強聖人所歸則
六合同賢者之政降人以
體聖人之政降人以心釋
近而謀遠者勞而無終釋
遠而謀近者逸而有功逸
政多忠臣勞政多怨民故
曰務廣地者荒務廣德者
強荒國無義政廣德其下
正變一義則爲義衰賞一

善斷衆一令逆者則百令失一惡施者則百惡結令施于順民刑加于凶人則令行而不怨羣下朋親衆句清白之識者不可以爵祿得句守節之識者不可以威刑脅故明君求臣必視其所以爲人而致焉故致清白之士脩其禮致守節之士脩其道而後士可致名可保利一害百民去城郭利一害萬國乃思散去一利百民乃慕澤去一利萬政乃不亂

羣書治要引三略

捷峯大人鈞政 光緒四年歲在戊寅趙之謙謹篆

【三略】夫能扶／天下之／危者，則／

據天下／之安；能／除天下／

之憂者，／則享天／下之樂；／

能救天／下之禍／者，則得／

天下之﹨福。故澤﹨及人民，﹨

澤及蚑蟲：指萬物自得其所，自然順遂。蚑蟲，即昆蟲。

則賢歸／之；澤及／蚑蟲，則／

聖歸之賢人所歸則其

聖歸之。／賢人所／歸，則其／

國强，聖／人所歸，／則六合／

六合：指上、下、東、西、南、北六個方向，代指天下。

同。賢者／之政，降／人以禮；／

聖人之\政，降人\以心。釋\

降人以心：傳本『降人以心』後有『降禮以禮，降心以心』句。

近而謀／遠者，勞／而無終；／

釋遠而／謀近者，／逸而有／

功。逸政／多忠臣，／勞政多／

怨民，故／曰：務廣／地者巟，／

巟：同『荒』。

務廣悳者强：傳本作『務廣悳者强也』。指推行崇禮尚德之政，其國强盛。悳，同『德』。

務廣悳／者强。亢／國，無善／

政；廣悳，／其下正。／廢一善，／

廣悳，其下正：傳本作『廣悳者，其下正』。指君王德廣於上，則黎民正行於下。

則衆善
哀賞一
惡則衆

則衆善／哀；賞一／惡，則衆／

惡多善

者得其

祐惡者

惡多。善／者得其／祐，惡者／

受其誅，／則國安／而衆善／

到矣。一/令逆者，/則百令/

失一惡
施者則
百惡結

失；一惡〳施者，則〳百惡結。〳

令施于順民：傳本作『故令施于順民』。

刑加于凶人：傳本作『惡加于凶人』。

令施于／順民，刑／加于凶／

人，則令／行而不／怨，羣下／

羣下附親：指百官民衆對德政欣悅而親附之。

有清白之識者：傳本作『有清白之志者』。下文『有守節之識者』傳本亦作『有守節之志者』。

附親矣。〔有清白〕之識者，〔

不可以／爵禄得；／有守節／

之識者，不可以威刑脅。

故明君／求臣，必／視其所／

以爲人／而致焉。／故致清／

故致清白之士：傳本無『故』字，作『致清白之士』。

白之士
脩其禮
致守節

白之士，／脩其禮；／致守節／

之士，脩＼其道。而＼後士可＼

名可保：傳本作『而名可保』。

致，名可〻保。利一〻害百，民〻

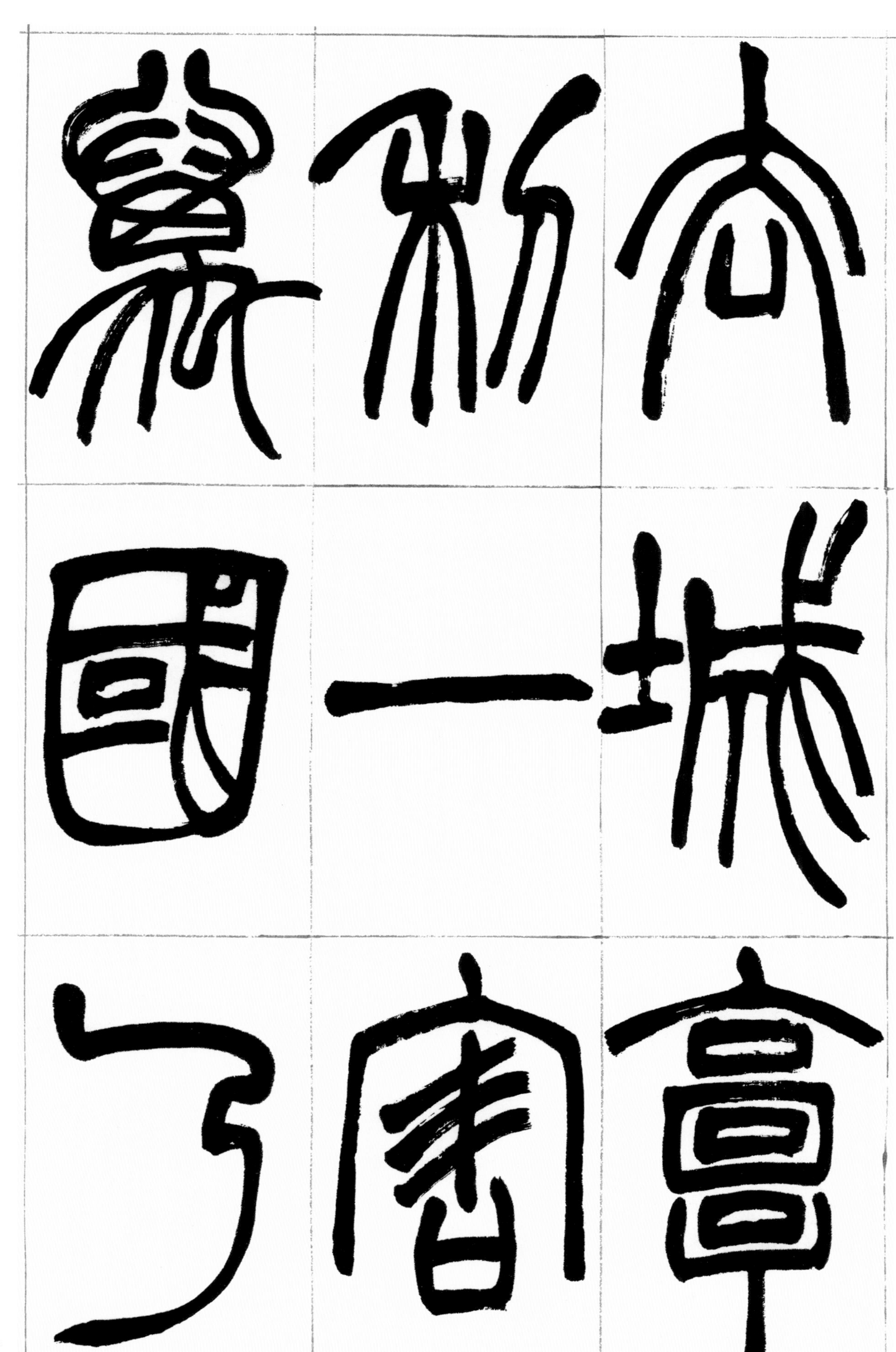

去城郭；〈利一害〈萬，國乃〈

㪔：同『散』。

思㪔。去／一利百，／民乃慕／

慕澤：思慕君王之恩澤。

澤，去一／利萬，政／乃不亂。／

歷代集評

君（撝叔）以孤憤，好嬉笑怒罵，詩文皆務爲新奇，可駭愕。坐是不諧於世，當代作者亦不能無訾議。然書畫刻石并卓絶一時，記誦亦實有勝人處，固不必以體格繩檢之。千秋巨眼，自有真鑒，存而不論可也。

——清 潘衍桐《緝雅堂詩話》

趙撝叔學北碑，亦自成家，但氣體靡弱。今天下多言北碑，而盡爲靡靡之音，則趙撝叔之罪也。

——清 康有爲《廣藝舟雙楫》

撝叔書初師顔平原，後深明包氏鈎、捺、抵、送萬毫齊力之法，篆隸楷行，一以貫之。故其書姿態百出，亦爲時所推重，實乃鄧派之三變也。而論者至指爲北碑之罪人，則又不免失之過刻。

——清 向燊（馬宗霍《書林藻鑒》）

撝叔先生手劄，書法奇，文氣超，近時學者不敢望肩背。

——清 吴昌碩《跋趙之謙尺牘》

余嗜書畫，尤嗜悲庵先生書畫，鶴廬所嗜與余正同。悲庵工橅魏碑，於規矩謹嚴之中，極神明變化之妙。其所爲變化，即其畫筆之超群軼倫、不可方物者也，則書中有畫也。悲庵善畫山水、花卉，以秀逸之筆寓樸穆之神，其所爲樸穆，即其書勢之還醇斂鍔、静與古會者也，則畫中有書也。要非其人植品高、讀書多，弗克以臻此，此悲庵之書畫所爲可貴也。

——清 吴隱《悲庵剩墨序》

撝叔書如其畫，皆若以盛氣凌人。其作北魏最工，用筆堅實，而氣機流宕，變化多姿，故爲可貴。其他各體，亦咸精熟。惟論者謂其稍有習氣，董思翁論畫云：『當於熟中求生。』撝叔之書，恐正坐太熟之過。

——符鑄（馬宗霍《書林藻鑒》）

撝叔得力於造像，而能明辨刀筆，不受其欺，且能解散北碑用之行書，天分之高，蓋無其匹。

——張宗祥《書學源流論》

撝叔書家之鄉原也，其作篆隸，皆臥毫紙上。一笑横陳，援之不能起，而亦自足動人。行楷出入北碑，儀態萬方，尤取悦衆目，然登大雅之堂，則無以自容矣。

——馬宗霍《書林藻鑒》

學問文章，根柢深厚，書畫、篆刻均一流。

——沙孟海《印學史》

圖書在版編目（CIP）數據

趙之謙篆書鐃歌　三略/上海書畫出版社編. --上海：上海書畫出版社，2023.5

（中國碑帖名品二編）

ISBN 978-7-5479-3093-9

Ⅰ. ①趙… Ⅱ. ①上… Ⅲ. ①篆書-法帖-中國-清代 Ⅳ. ①J292.26

中國國家版本館CIP數據核字（2023）第076453號

中國碑帖名品二編［三十九］

趙之謙篆書鐃歌 三略

本社 編

責任編輯 張恒烟 馮彦芹
審　　讀 陳家紅
圖文審定 田松青
責任校對 黄　潔
封面設計 王　峥
整體設計 馮　磊
技術編輯 包賽明

出版發行 上海世紀出版集團
上海書畫出版社

地址 上海市閔行區號景路159弄A座4樓
郵政編碼 201101
網址 www.shshuhua.com
E-mail shcpph@163.com
印刷 上海雅昌藝術印刷有限公司
經銷 各地新華書店
開本 710×889 mm 1/8
印張 9
版次 2023年6月第1版
2023年6月第1次印刷

書號 ISBN 978-7-5479-3093-9
定價 76.00元

若有印刷、裝訂質量問題，請與承印廠聯繫